NICHT ALLE SIND NETT

Wie man Kindern beibringt, im Umgang mit Fremden vorsichtig zu sein

Frederick Alimonti
und Ann Tedesco, Ph.D.
Illustrationen von C.S. Fritz

Cover – Entwurf: C.S. Fritz
Buchgestaltung innen: Albatross Book Co.
www.albatrossbookco.com

Hardback – 978-1-956450-71-2
Paperback – 978-1-956450-72-9

THOUSAND ACRES

Thousand Acres: Ein Abdruck von Armin Lear Press, Inc.
825 Wildlife
Estes Park, CO 80517
USA

Für unsere Kinder

Ich heiße Kathy.

Ich wohne mit meiner Mama, meinem Papa und meinem kleinen Bruder Eric zusammen. Er ist erst zwei Jahre alt.

Wir haben auch einen Kater. Sein Name ist Spoons. Wir haben ihn so genannt, weil er einen schwarzen Fleck auf dem Rücken hat, der wie ein Löffel geformt ist.

Ich gehe in die Vorschule. Meine Erzieherin heißt Frau Roberts. Sie ist sehr nett. Sie liest uns Geschichten vor und bringt uns alles Mögliche zum Thema Wissenschaft und Natur bei. An Präsentationstagen dürfen wir auch Sachen mitbringen, die wir dann der Klasse zeigen.

An manchen Tagen holt mich
meine Mama von der Schule ab.

Manchmal gehe ich mit Oma
nach Hause und manchmal mit
einer Freundin.

Ich warte an der Ecke gleich
neben den Schülerlotsen, bis
ich abgeholt werde.

Ich weiß morgens immer schon, wer mich nach der Schule abholen wird.

Mama und Papa sagen mir immer, dass ich mit niemand anderem nach Hause gehen darf und zu niemandem ins Auto steigen darf, wenn die Person keine Erlaubnis hat, mich abzuholen.

Manchmal verspätet sich die Person, die mich abholen soll, ein wenig. Dann soll ich neben dem Schultor warten. Wenn die Person nicht bald kommt, soll ich wieder in das Schulgebäude gehen und meiner Lehrerin sagen, dass ich nicht abgeholt wurde.

Das passiert nur, wenn meine Mama länger arbeiten muss oder es ein Missverständnis gibt.

Ich spiele dann im Klassenzimmer, bis Mama mich abholt.

Einmal habe ich am Straßenrand auf meine Mama gewartet, die mich von der Schule abholen wollte.

Sie kam zu spät. Ich wollte schon wieder in das Schulgebäude zurückgehen, um dort zu warten, als ein Auto vor mir anhielt.

Der Mann im Auto ließ das Seitenfenster herunter.

Der Fahrer trug eine lustige grüne Pudelmütze. Sein grüner Pulli passte dazu.

Er sah nett aus.

„Ist alles okay?", fragte er. „Du siehst ja ganz einsam und verloren aus."

„Ich bin nicht einsam oder verloren", erklärte ich ihm. „Ich warte nur, dass meine Mama mich abholt und wir nach Hause fahren."

„Wo wohnst du?", fragte der nette Mann.

„In der Grant Street", sagte ich ihm.

„Das ist ja witzig", lachte er. „Ich wohne auch in der Grant Street."

Ich fand es nicht besonders witzig, aber er lächelte und lachte, sodass ich auch lachte.

„Wie heißt du?" frage mich der Mann.

„Ich heiße Kathy", meinte ich.

„Hi Kathy. Du kannst Herr Green zu mir sagen", erklärte er höflich. „Ich fahre jetzt direkt nach Hause. Warum steigst du nicht ein und ich bringe dich auch nach Hause. Ich wette, du weißt den Weg. Du siehst sehr clever aus", meinte er lächelnd.

„Ich kann nicht mit Ihnen fahren, Herr Green. Meine Mama hat mir gesagt, dass ich hier auf sie warten soll."

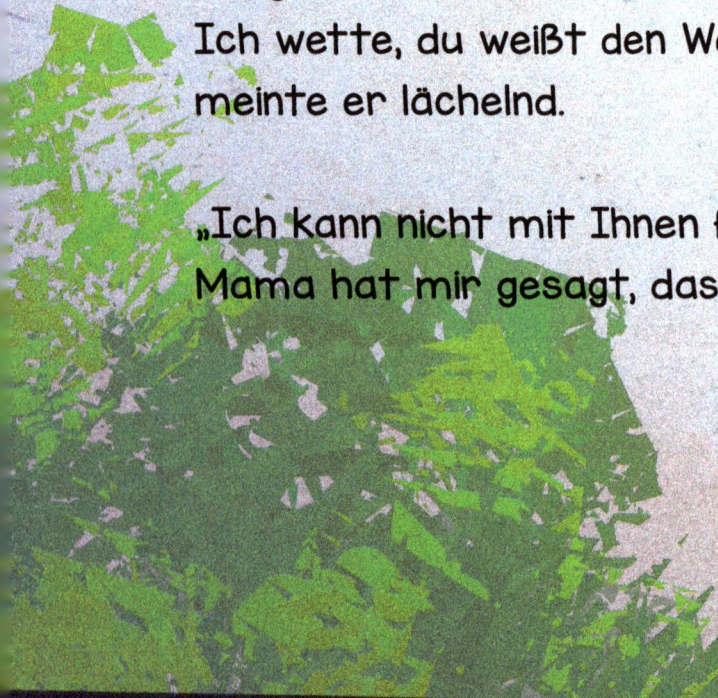

„Ich würde dich gerne nach Hause zu deiner Mama bringen. Sie macht sich bestimmt schon Sorgen um dich. Vielleicht verspätet sie sich, weil sie verletzt oder krank ist und dich nicht abholen konnte. Wir sollten uns beeilen", erklärte er.

Jetzt machte ich mir Sorgen. Vielleicht hatte Herr Green recht. Vielleicht war Mama verletzt oder krank.

„Sieh mal", meinte er. „Ich habe Schokolade dabei. Ich habe sie für meine Tochter gekauft. Sie ist ungefähr so alt wie du. Du kannst etwas abbekommen, wenn du versprichst, es ihr nicht zu erzählen. Sie heißt Lisa.

Kennst du sie?"

„Nein, ich kenne keine Lisa."

Der Mann wollte mir aus dem Fenster einen kleinen Schokoriegel reichen.

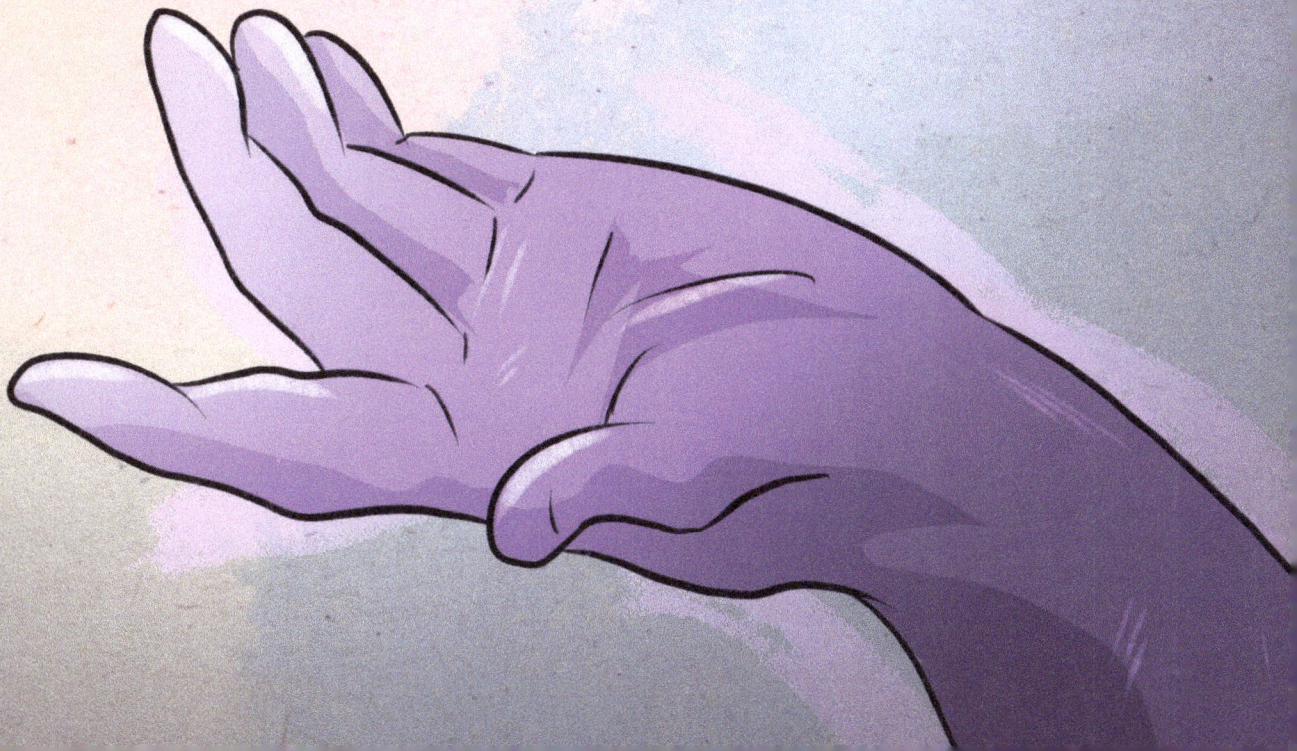

Ich lehnte mich nach vorne, um den Schokoriegel zu nehmen, aber bevor ich ihn zu fassen bekam, spürte ich, wie mich eine Hand auf meiner Schulter zurückzog.

Ich drehte mich um. Es war Mama. Sie sah sehr aufgelöst aus.

„Wer sind Sie?", fragte sie den Mann.

„Das ist Herr Green, Mama", erklärte ich ihr.

Der Mann sagte kein Wort. Er fuhr einfach sehr schnell davon. Der Schokoriegel fiel zu Boden.

Ich war sehr traurig.
„Warum ist der nette Mann so schnell weggefahren?", fragte ich.

„Es war kein netter Mann, Kathy", erklärte meine Mutter. Sie versprach, dass wir später zu Hause über ihn sprechen würden.

Mama fuhr mit mir zur Polizeiwache.

Wir gingen an die Pforte und Mama sprach mit der
diensthabenden Polizistin. Sie meinte, sie wolle einen Fremden
anzeigen, der ihre Tochter angesprochen habe.

Die Polizistin notierte viele Dinge und sagte dann zu meiner Mama, dass sie die Sache untersuchen würden, was auch immer das heißt.

Als das Gespräch zwischen Mama und der Polizistin beendet war, umarmte mich Mama lange und wir fuhren nach Hause.

Als später am Abend mein Bruder Eric schon schlief
(ich darf länger aufbleiben, weil ich größer bin),
kamen Mama und Papa in mein Zimmer. Daddy hatte ein
großes Buch über das Meer dabei.

Es war sehr bunt und darin waren viele schöne Bilder vom
Meer und verschiedenen Fischarten.

„Mama hat mir von dem Mann in dem Auto heute erzählt",
meinte Papa. „Wir beide möchten mit dir darüber sprechen,
was passiert ist. Mama sagte, du fandest den Mann in dem
Auto sehr nett."

Ich nickte. „Ja, er trug einen lustigen Hut und hatte einen
Schokoriegel und eine kleine Tochter, die so alt ist wie ich."

der Ozean

„Kathy", sagte mein Papa, „manchmal sind die Dinge und die Leute ganz anders als es scheint. Manche Menschen sind überhaupt nicht nett. Auch wenn sie vielleicht nett wirken, könnten sie dir weh tun."

„Das verstehe ich nicht", meinte ich.

„Vielleicht hilft dir dieses Buch dabei, es zu verstehen", sagte Papa. Er schlug in dem Buch eine Seite mit dem Bild einer gelb-roten Unterwasserpflanze auf. Man sah, dass sie unter Wasser war, weil Fische um sie herum schwammen.

„Was für eine schöne Pflanze", meinte ich.

Papa schüttelte den Kopf. „Das ist keine Pflanze", erklärte er. „Es ist ein Tier, das Seeanemone heißt. Es täuscht die Fische, indem es wie eine Pflanze aussieht, sodass die Fische keine Angst haben, näherzukommen. Wenn der Fisch dann näherkommt, verspeist die Seeanemone ihn zum Abendessen!"

„Oh nein! Wirklich?"

„Ja," erklärte Papa, „sie schlingt ihn direkt hinunter."

Mama nahm das Buch und blätterte zu einem anderen Bild. Es zeigte einen wunderschönen Fisch mit orangefarbenen und weißen Streifen und großen Flossen, die wie eine Löwenmähne um seinen Kopf herumschwirrten.

„Er sieht wie ein Tier aus dem Dschungel aus", meinte ich lachend.

„Das stimmt", sagte Mama und lächelte. „Er heißt Rotfeuerfisch, weil er so wild wie ein Löwe und gefährlich wie Feuer sein kann. Wie du siehst, stecken die hübschen Flossen dieses Fischs voller Gift. Wenn ein anderer Fisch zu nahe kommt, wird er gestochen und der Rotfeuerfisch schlingt den anderen Fisch zum Abendessen hinunter."

„Das ist verblüffend," meinte ich. „Ich denke, man sollte ihn besser nicht streicheln."

„Ja, sicher nicht", nickte Mama.

„Kathy", sagte mein Papa, „selbst in der Natur kannst du nicht alleine anhand des Aussehens beurteilen, ob etwas sicher ist. Das gilt auch für Menschen. Einige Menschen sehen vielleicht sehr nett aus und benehmen sich freundlich, aber das kann täuschen. Manche könnten dich verletzen."

„So wie die Seeanemone den Fisch täuscht?"

„Ja, genau so," sagte Papa.

Mama meinte: „Manche Menschen können nett oder gut oder hübsch aussehen, können aber genauso gefährlich sein wie der Rotfeuerfisch. Deswegen musst du sehr vorsichtig sein. Fremde können nett wirken oder nette Dinge sagen, sind aber vielleicht gar nicht nett. Du darfst nur mit Leuten mitgehen und Geschenke von Leuten annehmen, die du sehr gut kennst, wie deine Familie, gute Freunde und deine Lehrer."

„Denke daran, Kathy", sagte Papa, „du kannst dir nie sicher sein, ob jemand wirklich nett ist, indem du die Person einfach nur ansiehst oder mit ihr sprichst."

„Was soll ich dann tun, wenn ich wieder mal einen Fremden kennenlerne, der wirklich nett zu sein scheint, wie der Mann im Auto?", fragte ich.

„Tja, Kathy," meinte Papa, „wenn ein Fremder dich überzeugen will, irgendwo mit ihm hinzugehen, gehst du einfach schnell weg und bittest eine erwachsene Person, die du kennst, um Hilfe."

„So wie meine Lehrerin?"

„Ja, Kathy, das ist eine sehr gute Idee.

Erwachsene wissen, was zu tun ist, und können sehen, ob der Fremde nett ist oder in Wirklichkeit ein verkleideter „Rotfeuerfisch" ist!"

Ich habe den Mann im Auto nie wiedergesehen. Falls ich ihn doch noch einmal wiedersehe oder falls jemand anderes, den ich nicht kenne, versucht, mich mitzunehmen oder mir etwas zu schenken, werde ich daran denken, was Mama und Papa mir über die Seeanemone und den Rotfeuerfisch erzählt haben. Ich werde weggehen und eine erwachsene Person, die ich kenne, um Hilfe bitten.

Es macht mich ein bisschen traurig, dass nicht alle Menschen nett sind, aber ich kenne auch viele Menschen, die wirklich nett sind, und darüber freue ich mich.

TIPPS FÜR KINDER

1. Wenn ihr irgendwohin geht oder draußen spielt, tut dies gemeinsam mit Freunden und nicht alleine. Das ist sicherer.

2. Sagt vor dem Hinausgehen immer einem Elternteil oder einer Betreuungsperson Bescheid, wohin ihr geht, mit wem und wann ihr wieder zuhause sein werdet.

3. Wenn niemand zuhause ist und ihr das Haus verlassen müsst, hinterlasst immer eine Notiz mit der Information, wo ihr seid, und einer Telefonnummer.

4. Erzählt es euren Eltern, Lehrern oder Betreuern, wenn ihr in der Nähe einer Person Unbehagen oder Angst verspürt.

5. Steigt nicht zu Fremden ins Auto und auch nicht zu Bekannten, wenn ihr dafür nicht die Erlaubnis eurer Eltern habt. Geht einfach weg.

6. Lasst euch nicht in einer Weise anfassen oder behandeln, die euch Angst macht oder Unbehagen verursacht.

7. Nehmt von niemandem Geschenke an, auch keine Kleinigkeiten wie Süßigkeiten, wenn nicht ein Elternteil oder eine Vertrauensperson dabei ist und sagt, dass es in Ordnung ist.

8. Übt das, was ihr im Notfall tun müsst, wie beispielsweise die Notrufnummer anzurufen.

9. Seid nicht höflich zu Fremden, wenn ihr das Gefühl habt, in Gefahr zu sein. Macht Lärm und versucht wegzulaufen.

10. Wendet euch an den Sicherheitsdienst oder die Polizei, wenn ihr euch in einem Einkaufszentrum oder an einem öffentlichen Ort verlaufen habt oder eure Eltern verloren habt.

TIPPS FÜR ELTERN UND BERATUNGSSTELLEN

1. Stellen Sie Regeln auf, wohin die Kinder gehen dürfen und mit wem. Seien Sie immer darüber informiert, wo Ihre Kinder sind.

2. Bringen Sie den Kindern bei, misstrauisch gegenüber Fremden zu sein und ihren Instinkten zu folgen, wenn sie sich unwohl fühlen oder vor Menschen - auch vor Angehörigen - Angst haben.

3. Bringen Sie den Kindern bei, „Nein!" zu sagten und sich von Menschen und aus Situationen zu entfernen, die ihnen Angst einflößen.

4. Weisen Sie die Kinder an, sich sofort an eine Betreuungsperson zu wenden, wenn sich ihnen ein unbekannter Fremder nähert.

5. Spielen Sie mit Ihren Kindern „Was wäre, wenn"-Spiele, damit sie wissen, was zu tun ist, wenn sich ihnen Fremde mit den typischen Tricks nähern, wie „Ich suche meinen Hundewelpen" oder „Ich habe mich verlaufen".

6. Bringen Sie den Kindern bei, den Notruf zu wählen, und stellen Sie sicher, dass sie ihre Adresse und Telefonnummer kennen.

7. Lassen Sie kleine Kinder nicht alleine.

8. Kreieren Sie ein geheimes Kennwort für den Fall, dass eine Person, die nicht zu Ihrer Familie gehört, Ihr Kind abholen muss.

9. Weisen Sie die Kinder an, sich an den Sicherheitsdienst oder die Polizei zu wenden, wenn sie sich an einem öffentlichen Ort verlaufen haben oder Sie verloren haben.

10. Führen Sie ein aktuelles Foto des Kindes mit Angabe der Größe, des Gewichts und anderen wichtigen identifizierenden Informationen bei sich.

www.ingramcontent.com/pod-product-compliance
Lightning Source LLC
LaVergne TN
LVHW070058080426
835512LV00027B/3492